DICT
ET REGLEMENT
FAICT PAR LE ROY

sur le cours & prix des Monnoyes, tant de France qu'Estrangeres.

A PARIS,

De SEBASTIEN CRAMOISY Imprimeur ordinaire du Roy, & és Monnoyes, ruë Sainct Iacques, aux Cicognes.

M. DC. XXXVI.

AVEC PRIVILEGE DV ROY.

LOVIS par la grace de Dieu
Roy de France, & de Na-
uarre. A tous presens & à
venir, Salut. Le temps nous
a fait cognoistre que le cours que nous
auons toleré des especes estrangeres, &
leur surhaussement en ce Royaume,
afin de ne pas faire souffrir à nos Suiets
vne si grande perte par le décry d'içel-
les, a introduit vn grand desordre au
faict des Monnoyes, & a causé le trans-
port aux Estrangers des especes d'or, &
d'argent de France, desquelles ils ont
fabriqué de leurs Monnoyes, la plus-
part de bas alloy, ou de billon, & les
ont exposées pour bonnes en l'achapt
des marchandises qui se fabriquent en
aucunes de nos Prouinces, lesquelles

A ij

ils ont eu par ce moyen à moins que
leur iuste valeur. A quoy nous auons
pensé à diuers temps à porter les re-
medes conuenables par plusieurs nos
Lettres pātentes, Reglemens, & Ar-
rests de nostre Conseil. Mais comme
l'impunité & la conniuence d'aucuns
nos Suiets ont faict subsister ces abus,
aussi sommes nous obligez d'y pouruoir, & d'autant plus soigneusement,
qu'ayans esté necessitez de tenir sur
pied plusieurs armées hors ce Royaume pendant les années dernieres, tant
pour la protection des Alliez de cette
Couronne, que pour nous opposer
aux anciens Ennemis de cét Estat, &
pour leur solde & entretenement y en-
uoyer les plus clairs deniers de nostre
Espargne, qui sont pour la plus grande partie demeurez és mains desdits
Estrangers, en telle sorte que l'argent
ne se trouue plus en commerce, ny en
telle abondance en ce Royaume qu'il

estoit auparauant, Nous & nosdits Sub-
iects receurions tres-grand preiudice.
A quoy voulans pouruoir autant qu'il
nous sera possible, nous auons estimé
à propos pour le bien de cét Estat, &
soulagement de nos Peuples, ainsi qu'il
a esté faict autrefois par les Roys nos
predecesseurs en pareille occasion,
d'augmenter la valeur desdites Monnoyes, & de leur donner cours à tel
prix, que les Estrangers perdent le des-
sein de les transporter. SÇAVOIR FAI-
SONS, qu'apres auoir mis cette affaire
en deliberation en nostre Conseil, où
assistoient nostre tref-cher Frere vni-
que le Duc d'Orleans, aucuns Princes,
Officiers de nostre Couronne, & autres grands & notables Personnages:
DE LEVR ADVIS, & de nostre certai-
ne science, plaine puissance, & autho-
rité Royale ; NOVS AVONS par le
present Edit statué & ordonné, sta-
tuons & ordonnons, voulons, & nous,

plaiſt, que d'oreſnauant, à commencer
du iour de la publication, & regiſtre-
ment d'iceluy, toutes les eſpeces d'or,
d'argent, billon, & autres declarées, &
dont les Portraits ſont figurez au Cayer
cy-attaché ſous le contreſeel de noſtre
Chancellerie, ayent cours & miſe dans
celuy noſtre Royaume, Pays, Terres,
& Seigneuries de noſtre obeyſſance,
pour le prix & valeur mentionnez audit Cahier, tant entre tous nos Suiets
de quelque qualité & condition qu'ils
ſoient, que dans tous les Bureaux des
receptes de nos deniers & fermes, &
generalement en execution de tous
traictez, contracts, negotiations, &
affaires, ou autrement, en quelque ſorte que ce ſoit. Enioignons à tous noſ-
dits Suiets, Treſoriers, Receueurs ge-
neraux & particuliers, Fermiers, nos
Officiers comptables, ou commiſſion-
naires, & tous autres de les receuoir audit prix ſans difficulté : leur faiſans tres-

expresſes inhibitions & defenſes d'en faire refus à peine de la perte de leur deub, de quinze cens liures d'améde, & de plus grande s'il y eſchet ; ſans neant-moins qu'en conſequence de ces preſentes l'or & l'argent manufacturé en vaiſſelles, & autres ouurages, ny tout ce qui ſe trouuera en lingots puiſſent eſtre vendus, acheptés, ny pris en payement par les Orfebures, Chan-geurs, & tous autres à plus haut prix que celuy qui a cours à preſent iuſques à la publication de ceſdites preſentes, à peine de confiſcation des choſes ſuſdi-tes, tant contre les vendeurs, qu'ache-teurs : deſquelles confiſcations le tiers appartiendra au denonciateur, & les deux autres tiers à nous & noſtre profit. SI DONNONS en mandement à nos amez & feaux Conſeillers, les gens te-nans noſtre Cour des Monnoyes à Pa-ris, que ces preſentes ils facent lire, pu-blier, & regiſtrer, le contenu exacte-

ment garder & obſeruer , ſans qu'il y
ſoit contreuenu en quelque ſorte que
ce ſoit. ENIOIGNONS à nos Baillifs,
Seneſchaux , Preuoſts , leurs Lieute-
nans, & autres nos Officiers & Suiéts de
tenir la main à l'execution des preſentes , & faire ſubir aux contreuenans les
peines ſuſdites, à peine d'en reſpondre
en leurs noms ; le tout nonobſtant op-
poſitions , ou appellations quelconques, deſquelles, ſi aucunes interuien-
nent, nous auós reſerué & attribué la co-
gnoiſſance à noſtredite Cour des Monnoyes, icelle interdiſons & defendons
à tous nos autres Cours & Iuges , nonobſtant auſſi quelconques Edits , Reglemens , Arreſts, Lettres à ce contrai-
res, auſquelles aux derogatoires des derogatoires y contenues nous auons de-
rogé & derogeons par ceſdites preſentes : à la copie deſquelles deuëment
collationnée par l'vn de nos amez , &
feaux Conſeillers , & Secretaires, foy

ſera

...era adiouſtée comme au preſent Ori-
ginal. CAR TEL EST NOSTRE PLAI-
SIR. Et afin que ce ſoit choſe ferme &
ſtable à touſiours, nous auons faict
mettre noſtre ſcel à ceſdites preſentes.
Donné à Paris au mois de Mars, l'an
de grace mil ſix cens trente ſix, & de
noſtre Regne le vingt-ſixieſme.

Signé, LOVIS.

A coſté Viſa, & plus bas,

Par le Roy,

DE LOMENIE.

Et ſeellé du grand ſeel de cire verte en
lacs de ſoye rouge & verte.

B

Leû, publié, & regiſtré en la Cour des
Monnoyes, ouy ſur ce le Procureur general du Roy, de l'exprés commandement de
ſa Majeſté, porté par Meſsieurs Fauier,
& de Moricq, Conſeillers du Roy en ſes
Conſeils d'Eſtat & Priué, ordonne que
coppies collationnées d'iceluy Edict ſeront
enuoyées aux Bailliages, Seneſchauſsées
& Preuoſtez de ce Royaume, pour eſtre
executées ſelon leur forme & teneur; Et
enioint audit Procureur general & à ſes
Subſtituts d'y tenir la main. Le cinquié-
me Mars mil ſix cens trente ſix.

Extraict des Regiſtres de la Cour
des Monnoyes.

Signé,   DELAISTRE.

ENSVIVENT LES PORTRAITS,

poids, & prix des especes d'or & d'argent, tant de France qu'Estrangeres, ausquelles le Roy donne cours par le present Edict.

ET PREMIEREMENT,
CELLES D'OR DE FRANCE.

Escu sol du poids de deux deniers quinze grains, trebuchant, pour quatre liures quatorze sols.

Le demy à moitié.

Escu couronne du poids de deux deniers quatorze grains , trebuchant , pour quatre liures treize sols.

Et le demy à moitié.

Le vieil Escu du poids de trois deniers
trebuchant, pour cinq liures quatorze
sols.

Et le demy à moitié.

Le double Henry du poids de cinq
deniers dix - sept grains, trebuchant,
pour dix liures quatre sols.

Et le demy à moitié,

FRANCE.

Piſtole de Lorraine, du poids de cinq deniers quatre grains, trebuchant, pour huict liures huict ſols.

La demie & quadruple à proportion.

La Piſtole de Treuol fabriquée en
l'anné 1578. & autres depuis eſtant de meſme tiltre, du poids de cinq deniers quatre grains, trebuchant, pour huict liures
douze ſols.

La demie & quadruple à proportion.

La Piſtole d'Orange, du poids de cinq
deniers quatre grains, trebuchant, pour
huict liures douze ſols.

La demie & quadruple à proportion.

Piſtole

Piſtole de Sedan, & autres du Duc de
Bouillon, du poids de cinq deniers quatre grains, trebuchant, pour ſept liures
dix-huict ſols.

La demie & quadruple à proportion.

CELLES D'ARGENT DE FRANCE,
ET DE NAVARRE.

Le Franc d'argent du poids de vnze
deniers vn grain, trebuchant, pour vingt
& ſept ſols.

Le demy & le quart à proportion.
FRANCE.

G

Pieces appellées cy-deuant Quart-
d'escu, du poids de sept deniers douze
grains, trebuchant, pour vingt sols.
Et le demy à moitie.

FRANCE.

NAVARRE.

Teſton du poids de ſept deniers di[x]
grains, trebuchant, pour dix-neuf ſol[s]
ſix deniers.

Le demy à moitié.

FRANCE.

FRANCE,

NAVARRE.

Le Teſton de Lorraine, ceux du Car-
dinal, & autres fabrications, ceux de
Mets, du meſme tiltre, du poids de ſept
deniers dix grains, trebuchant, pour ſei-
ze ſols trois deniers.

Le demy à moitié.

METS.

Le gros de Lorraine , pour dix deniers.

Et le demy à moitié.

Le Teſton de Treuol, eſtant de meſm[e]
tiltre, de ceux de nos coins & armes, d[u]
poids de ſept deniers dix grains, pour dix-
neuf ſols ſix deniers.

Le demy à moitié.

Teſtons d'Orange, du poïds de ſept
deniers dix grains, trebuchant, pour ſei-
ze ſols huit deniers.

Le demy à moitié.

ESPE

SPECES D'OR ESTRANGERES.
Le double Ducat à deux testes d'Espagne & Flandres, du poids de cinq deniers dix grains, trebuchant, pour neuf
livres seize sols.

Le demy & quart à proportion.

D

FLANDRES.

Double Ducat de Portugal, appellé
Millerés, du poids de six deniers, trebu-
chant, pour dix liures deux fols.
Le demy & le quart à proportion.

PORTVGAL.

Ledemy.

Pistoles d'Espagne de diuerses fabrications, du poids de cinq deniers
grains, trebuchant, pour neuf liures.

La demie, & le quadruple à propo
tion.

Albertus de Flandres, du poids de qua
tre deniers, trebuchant, pour six liure
douze sols.

Le demy & quart à proportion.

Escus ou Royaux d'or, de Flandres, du
poids de 2. deniers 14. grains, trebuchant, pour quatre liures six sols.
Le double à proportion.

Noble à la rose d'Angleterre, du poids
de six deniers, trebuchãt, pour dix liures
dixhuict sols.
Le demy à proportion.

Noble Henry du poids de cinq deniers dix grains, trebuchant, pour neuf
liures seize sols.

Le demy à moitié.

Angelot d'Angleterre du poids de 4.
deniers, trebuchant, pour 7. liures 4. sols.

Le demy à moitié.

Iacobus d'Angleterre, tant vieux que
noũueaux : ceux d'Escosse, & Riddes des
Prouinces vnies , du poids de sept deniers dixhuit grains , trebuchant, pour
treize liures quatre sols.

Les demys & quarts à proportion.

ANGLETERRE.

ESCOSSE.

RIDDES.

Pisto-

Piſtoles de Milan, Parme, Plaiſance,
Florence, Gennes, Veniſe, Lucques,
Sauoye, & autres de diuerſes fabrications
d'Italie, du poids de cinq deniers quatre
grains, trebuchant, pour huit liures douze ſols.

Les demies & quadruples à proportion.

MILAN.

PARME ET PLAISANCE.

Demies Pistoles d'ITALIE.

Pistole auec vne teste d'vn çosté, & vne saincte Dorothée de l'autre, du poids de cinq deniers quatre grains, trebuchant, pour sept liures quatre sols.

La demie & quadruple à proportion.

Pistole de Liege, du poids de cinq deniers quatre grains, trebuchant, pour sept liures quatre sols.

La demie & quadruple à proportion.

Escu de Liege auec quatre F au co[...]
de la croix, du poids de deux deniers qu[...]
torze grains , trebuchant , pour quat[...]
liures vn sol.

Le double & quadruple à proportio[...]

Pistole de Spinola , du poids de cin[...]
deniers quatre grains, trebuchant, pou[...]
sept liures quatre sols.

La demie & quadruple à proportion[...]

Ducats de Ferrare, & autres fabriquez
fous Spinola, du poids de deux deniers
dixfept grains, trebuchant, pour quatre
liures dixhuit fols.

Le double à proportion.

DE SPINOLA.

Ducats de Boheme, Hongrie, Pologne, & autres diuerses fabrications d'Allemagne, Italie, & Turquie, de mesme tiltre, du poids de deux deniers dix-sept grains, trebuchant, pour quatre liures dix-huiƈt sols.

Le double à proportion.

L'EMPIRE.

EMPIRE.

SALZBOVRG.

HONGRIE.

POLOGNE.

PROVINCES VNIES.

VENISE.

PARME.

SAVOYE.

TVR-

ESPECES D'ARGENT ESTRANGERES

Pieces de huict reales d'Espagne, de diverses fabrications, du poids de vingt & un deniers huict grains, trebuchant, pour cinquante-sept sols six deniers.

Celles de quatre, de deux, & simples proportion.

ESPAGNE.

HISPANIARVM ET INDIARVM
PLVS VLTRA
4
REGES IOHANA
M G
PHILIPPVS II D G DEI GRATIA
M
REX HISP ET INDIARVM
M
PHILIPPVS II DEI GRATIA
REX H

Ducatons de Milan, Florence, Parme,
Plaisance, Gennes, Venise, Sauoye, &
autres fabrications d'Italie de mesme tiltre, & ceux d'Auignon, du poids d'vne
once vn denier, trebuchant pour soixante sept sols six deniers.
Les demis & quarts à proportion.

MILAN.

FLORENCE.

PARME.

VENISE.

SAVOYE.

AVIGNON.

AVIGNON.

Pieces d'Auignon, du poids de deux deniers neuf grains, trebuchant, pour cinq sols six deniers.

Chelins d'Angleterre , du poids
quatre deniers seize grains, trebuchan[t]
pour douze sols six deniers.
Le demy à proportion.

Philipes-dales , dits Patagons de Flandres , du Comté de Bourgogne , & autre[s]
de diuerses fabrications du mesme tiltre
du poids de vingt-deux deniers , trebuchant, pour cinquante huict sols 6. den[iers]
Le demy & quart à proportion.

Autres Philippes dales de Flandres,
du poids d'vne once, & vn gros, trebuchant, pour soixante-cinq sols.
Le demy & quart à proportion.

Noŭŭeau Ducaton de Flandres,
poids d'vne once vn denier, trebuch...
pour soixante-sept sols six deniers.
Le demy & quart à proportion.

Pieces de Liege non contrefaites, d...
poids de treize deniers douze grains, tr...
buchant, pour 28. sols neuf deniers.
La demie à proportion.

LIEGE.

Pieces de Frize non contrefaites, du
poids de quatorze deniers, trebuchant,
pour trente & vn sol, trois deniers.

La demie à proportion.

Pieces de Zelande non contrefaites,
du poids de quinze deniers 12. grains,
trebuchant, pour trente trois sols neuf
deniers.

La demie à proportion,

Pieces de Zelande du poids d'vn de-
ier six grains, trebuchant, pour deux
ſols trois deniers.

Pieces de Flandres non contrefaites,
du poids de deux deniers, trebuchant,
pour trois ſols neuf deniers.
Les doubles à proportion.

L'an mil six cens trente six le sixiéme iour de
Mars, l'Edict & Reglement fait par le Roy sur le
cours des Monnoyes, contenu cy-dessus, a esté leu
& publié à son de trompe & cry public aux carre-
fours & autres lieux, tant ordinaires qu'extraor-
dinaires de cette ville & faux-bourgs de Paris, en
la presence de nous Iean Gerin premier Huißier en
ladite Cour des Monnoyes, Nicolas Lambert, &
Nicolas de la Boißiere, Huißiers en icelle soubs-
signez, par Simon le Duc Iuré Crieur en ladite
Ville, Prevosté & Vicomté de Paris, accompagné
de Mathurin Noiret Iuré Trompette, & de deux
autres Trompettes: comme außi a esté ledit Edict
affiché par nous en tous les lieux accoustumez de
ladite ville & faux-bourgs de Paris, à ce qu'au-
cun n'en pretende cause d'ignorance. Signé Gerin,
Lambert, & la Boißiere.

Collationné aux originaux par moy Greffier en chef
en la Cour des Monnoyes, soubsigné.